평범한 우리 어린이들을 다음 세대
위인으로 만들어 줄 교과서 위인 이야기!
효리원의 교과서 위인 이야기는 초등학교
교과 과정에 나오는 국내외 위인들을, 우리나라
최고 아동 문학가 53인이 재미있게 동화로 구성했습니다.
지혜와 용기로 위대한 삶을 산 위인들의 이야기는,
어린이들의 마음속에 '나도 할 수 있다.'는
희망의 씨앗을 심어 줄 것입니다!

KB192162

일러두기

1. 띄어쓰기와 맞춤법 : 초등학교 국어 교과서와 국립국어원의『표준국어대사전』을 기준으로 하였습니다.

2. 외래어 지명과 인명 : 국립국어원의『외래어 표기 용례집』을 기준으로 하였습니다.

3. 이해가 어려운 단어 : ( ) 안에 뜻풀이를 하였습니다.

4. 작가 연보 : 연도와 함께 나이를 표기하고, 업적을 간략히 소개하였습니다. 우리나라 위인은 태어난 해를 한 살로 하였고, 외국 위인은 만 나이를 한 살로 하였습니다. 정확한 자료가 없는 위인은 연도와 업적만을 나타냈습니다.

5. 내용 구성 : 위인의 삶은 역사적 자료를 바탕으로 최대한 사실적으로 구성하였습니다. 그러나 읽는 재미를 위해 대화 글이나 배경 묘사, 인물의 감정 표현 등에 작가의 상상력을 가미하였습니다.

6. 그림 구성 : 문헌을 바탕으로 위인이 살던 시대를 충실히 나타내도록 하되 복식의 색상이나 장식, 소품, 건물 등은 작가의 상상으로 그렸습니다.

7. 내용 감수 : 각 분야의 전문가들로 구성된 편집 위원들이 꼼꼼히 감수를 하였습니다.

편집 위원

김용만(우리역사문화연구소장)
교과서에서 만나는 위인들을 중심으로 일화와 함께 그림과 사진을 곁들여 지루하지 않게 읽을 수 있습니다. 술술 읽다 보면 학교 공부에도 많은 도움이 될 것입니다.

신현득(동시인, 전 새싹회 회장)
우리가 자주 듣고 접하는 역사 속 실존 인물들이 자신의 꿈을 이루기 위해 어떻게 노력했는지 깨달아 가면서 우리 어린이들은 한층 더 성숙해질 것입니다.

윤재운(동북아역사재단 연구 위원)
위인선을 읽으면서 어린이들은 시대를 넘어 간섭 제험을 할 수 있습니다. 어떻게 살아야 하는지 인생에 대한 동기 부여와 함께 삶이 보다 풍요로워질 것입니다.

이은경(철학 박사, 전북과학대 유아교육학과 교수)
한 사람의 인격과 품성은 어릴 때 형성됩니다. 따라서 초등학교 저학년 때 어떤 책을 읽느냐에 따라 생각의 크기가 달라집니다. 어린이의 미래를 위해 이 책은 꼭 읽어야 합니다.

이창열(하버드 물리학 박사, 전 국가과학기술자문회의 전문 위원)
세상을 바꾼 위대한 인물의 이야기는 어린이의 인성 및 감성 발달에 큰 영향을 미칠 뿐 아니라 실험 정신과 개척 정신을 길러 줍니다. 용기와 지혜로 세상을 헤쳐 나가는 당당한 어린이를 꿈꾼다면 이 책은 꼭 한번 읽어 보아야 합니다.

정재도(한글학자)
위인으로 일컬어지는 이들은 어떤 생각을 하고, 어떤 삶을 살았을까요? 그들의 흔적을 담은 위인전은 복잡한 현대를 이끌어 갈 우리 어린이들에게 나침반과 같은 역할을 할 것입니다.

조수철(서울대학교 의과대학 소아정신과 교수)
위인전은 시대와 신분, 업적이 다른 위인들의 삶이 다양하고 흥미롭게 구성되어 있어 손쉽게 여러 삶의 모습을 만날 수 있습니다. 용기 있게 고난을 헤쳐 나간 위인의 이야기를 통해 삶의 지혜를 배울 수 있을 것입니다.

상대성 이론을 발표한
천재 과학자
아인슈타인

김종상 글 / 정금석 그림

효리원
hyoreewon.com

아인슈타인은 어릴 때 아버지가 가지고 놀라고 준 나침반을 장난감으로만 보지 않았습니다. 그것에 대해 끝없는 호기심을 가지고 깊이 생각했습니다.

사소한 호기심이 위대한 과학 이론으로 발전할 수 있습니다.

온갖 어려움을 이겨 내고 훌륭한 과학자가 된 아인슈타인의 전기를 읽을 때, 어린이들에게 다음의 두 가지를 생각하면서 읽도록 지도해 주시기 바랍니다.

첫째, 아인슈타인이 어떻게 살았는가를 생각하며 읽도록 합니다. 어렸을 때의 아인슈타인은 다른 아이들과 무엇이 달랐는지 살펴보면서 어린이들은 자연스럽게 자신을 돌아보는 시간을 갖게 될 것입니다.

둘째, 아인슈타인이 어떤 어려움을 이겨 내고 훌륭한 과학자가 되었는지 생각하며 읽도록 합니다. 꿈을 갖고 그 목표에 도전하는 사람은 어떤 어려움도 이겨 낼 수 있다는 것을 어린이들에게 충분히 이해시켜 주십시오.

이러한 점들을 생각하며 이 책을 찬찬히 읽고 나면 어린이들은 자신이 나아갈 길을 찾을 수 있게 될 것입니다.

어린이들이 넓은 세상으로 나가 큰 꿈을 마음껏 펼칠 수 있도록 해 주는 것은 어른들의 몫이며, 그 길을 밝혀 주는 것이 바로 책의 역할이라 할 수 있을 것입니다.

알베르트 아인슈타인은 상대성 원리를 찾아낸 과학자입니다. 어렸을 때는 말이 어눌하고 질문이 많아서 어른들이 걱정을 했다고 합니다. 그러나 그는 생각이 깊고, 궁금한 것은 꼭 알아내려고 노력했습니다. 그 결과 상대성 원리를 찾아내고, 무서운 힘을 낼 수 있는 원자를 발견하였습니다.

이것으로 원자 폭탄을 만들어 제2차 세계 대전을 끝내게 했지만, 그는 원자 폭탄이 인류의 많은 생명을 빼앗아 간 데 회의를 느꼈습니다. 그래서 인류의 멸망을 가져오는 원자 폭탄을 만들지 말자고 호소했습니다. 또, 원자 폭탄 실험을 중지하자는 운동도 벌였습니다.

하지만 오늘날 원자력은 환자를 치료하는 데 쓰일 뿐 아니라, 원자력 발전소를 건설하여 전기를 일으키는 등 우리 생활에 큰 도움을 주고 있습니다.

과학과 평화를 사랑한 아인슈타인을 본받아 앞으로 나아갈 길을 찾아보는 일은 퍽 중요할 것입니다.

글쓴이 김종상

차례

생각이 깊은 아이

알베르트 아인슈타인은 1879년, 독일의 울름이라는 마을에서 태어났습니다.

그는 어릴 때 말을 늦게 배웠습니다. 말이 느리고 더듬거려 부모들은 걱정이 많았습니다.

"에휴, 말을 늦게 배우는 아이는 머리가 나쁘다는데, 걱정이야."

알베르트는 이 때문에 아이들과 잘 어울리지도 못했습니다. 늘 꽃이나 풀잎을 갖고 놀며 혼자 생각에 잠기곤 했습니다.

알베르트 아인슈타인
| 독일에서 태어난 미국 물리학자입니다. 초등학교 때 성적은 좋지 않았지만, 생각이 깊고 호기심이 많았던 그는 훗날 노벨 물리학상을 받았습니다.

알베르트는 다섯 살 때 열병을 앓았습니다.

아버지는 병으로 누워 있는 아들이 너무 안쓰러웠습니다.

"알베르트, 오늘은 좀 어떠냐? 많이 갑갑하지?"

"갑갑하지 않아요. 누워서 많은 생각을 했거든요."

그러면서 창밖을 가리켰습니다. 구름 낀 하늘을 배경으로 나뭇가지가 흔들리고 있었습니다.

"저기, 바람이 지나가는데 왜 보이지 않아요? 또, 구름은 어째서 떨어지지 않지요?"

"네가 그 까닭을 생각해 보렴. 그리고 심심할 땐 이걸 가지고 놀아라."

할 말이 없는 아버지는 한끝이 빨갛게 칠해진 바늘이 있는 물건을 주었습니다.

"아빠, 이 시계는 이상하네요. 바늘도 하나뿐이고."

"이건 시계가 아니라 나침반이란다. 방향을 알려 주는 기구이지."

"와, 기구가 어떻게 방향을 가리켜요? 스스로 생각도 못하는데?"

"지구는 아주 커다란 자석이야. 그 자석의 힘이 나침반의 바늘을 끌어당기는 거란다."

"지구가 자석이라고요? 그 자석의 힘이 어떻게 방에까지 들어와요?"

끝이 없는 알베르트의 물음에 대답하기가 어려워진 아버지는 속으로 생각했습니다.

'궁금증은 과학의 싹이야. 어쩌면 알베르트는 훌륭한 과학자가 될지도 모르겠군.'

달달 외는 공부는 싫어

알베르트는 여섯 살이 되자 뮌헨 초등학교에 들어갔습니다.

"알베르트! 바이올린 공부를 하자. 열심히 하면 바이올린을 잘 연주할 수 있게 될 거야."

음악을 좋아하는 어머니는 이때부터 알베르트에게 바이올린을 가르쳤습니다.

"엄마, 정말 재미있어요!"

알베르트는 바이올린에 열심이었습니다. 다른 공부를 할 때도 틈틈이 바이올린 연습을 했습니다.

48

JERSEY

젊은 시절의 아인슈타인 | 미국 저지에서 발행된 우표에 실린 모습입니다.

그 무렵 독일의 모든 학교는 훈련소 같았습니다. 뮌헨 초등학교도 마찬가지였습니다. 모든 것이 군대식이었습니다.

"선생님은 설명만 할 뿐 내 말은 듣지를 않아. 학교 공부는 재미없어."

궁금한 것이 많았던 알베르트는 교과서 내용을 외기만 하는 공부가 너무 지겹고 불만이었습니다.

"넌 왜 말을 더듬거리니? 천천히 말해 봐."

이렇게 꾸중을 들을수록 알베르트는 주눅이 들어 더욱 대답을 못했습니다.

"어쩔 수가 없구나. 대답할 수 있을 때까지 저기 서 있어."

선생님은 알베르트를 교실 밖에 세워 두었습니다. 알베르트는 이때가 가장 힘들었습니다.

이런 까닭에 알베르트는 성적이 좋지 않았고, 친구들과도 잘 어울리지 못했습니다.

"나는 내가 좋아하는 과목만 혼자 공부할 거야."

알베르트는 자신이 좋아하는 수학이나 과학책을 많이 읽었습니다.

유대 인이 왜?

어느 날, 반 친구들이 전쟁놀이를 하자고 했습니다.

"싫어. 전쟁은 사람을 죽이는 건데 뭐가 좋다고 그런 놀이를 해?"

알베르트는 머리를 흔들었습니다.

"뭐, 싫다고? 그래, 잘났다! 흥, 유대 인 주제에."

한 아이가 버럭 화를 내며 큰 소리로 말했습니다.

알베르트는 그 아이를 노려보았습니다.

"너, 지금 뭐라고 했어? 나보고 유대 인이라고?"

"그래, 어쩔래? 유대 인 녀석은 어쩔 수 없어."

이렇게 업신여김을 당한 알베르트는 집으로 돌아와 아버지께 물었습니다.

"아버지, 우리는 유대 인이에요?"

"그래, 그런데 왜 갑자기 그런 걸 묻지?"

"그럼, 우리는 독일 사람이 아니란 말인가요?"

"조상은 유대 인이지만, 우리는 원래부터 여기에서 살았으니 당당한 독일 국민이란다."

"그런데 왜 아이들이 '유대 인'이라며 업신여기죠?"

"그건……."

아버지는 뒷말을 잇지 못하고 얼버무리며 먼 하늘로 눈길을 돌렸습니다.

'난 절대 업신여김을 받는 유대 인은 되지 않겠어!'

알베르트는 어금니를 꾹 깨물었습니다.

김나지움
학교로

알베르트는 열한 살에 뮌헨 초등학교를 졸업하고 루이트폴트 김나지움(우리나라 중·고등학교를 합친 것과 같은 학교)에 입학했습니다.

'김나지움에서는 내가 궁금해하는 것을 알려 주겠지?'

호기심이 많은 알베르트는 김나지움에서도 끊임없이 질문만 하는 학생이었습니다.

"알베르트! 네 질문 때문에 아무것도 못하겠다. 질문 좀 그만할 수 없겠니?"

아인슈타인 밀랍 인형 | 독일 베를린 마담 투소 박물관에 있습니다.

선생님은 귀찮다는 듯이 얼굴을 찡그렸습니다.

"선생님! 태양에 가장 처음 불을 붙인 사람은 누구예요?"

알베르트는 선생님의 짜증에도 아랑곳하지 않고 질문을 퍼부었습니다. 선생님은 귀찮다는 듯 얼굴을 찌푸리며 고개를 돌렸습니다.

'김나지움도 내 궁금증을 풀어 주지는 못하는구나. 한결같

이 엄격한 군대식 생활에, 달달 외기만 하는 공부는 정말 싫어
......'

특히 무조건 외기만 하는 역사와 라틴 어, 그리스 어는 질색
이었습니다. 지루하기 짝이 없었습니다.

알베르트는 집에 돌아오면 작은아버지 야코프에게 수학을
배웠습니다.

수학은 재미있었습니다.

"수학의 대수는 사냥과 같은 거란다. 잡히지 않으면 잡힐 때
까지 계속 따라가기만 하면 되거든."

작은아버지는 어려운 문제도 예를 들어 가면서 알기 쉽게
설명해 주었습니다.

알베르트는 무조건 외지 않고 스스로 생각해서 문제를 푸는
수학 공부가 정말 좋았습니다.

"알베르트, 수학도 중요하지만, 자연계에 관한 공부도 해
두는 것이 좋아."

어느 날, 알베르트보다 열 살이나 많은 막스탈이라는 학생

이 『일반 과학 대계』라는 책을 보여 주며 말했습니다.

　그 책에는 동물·식물·광물 등 자연계 현상에 대한 자세한 설명과 여러 과학자들의 연구에 대한 이야기가 담겨 있었습니다.

　알베르트는 그중에서도 『힘과 물질』이라는 책에 가장 깊은 감명을 받았습니다.

　알베르트는 이 책을 읽으면서 다섯 살 때 처음 보았던

나침반을 떠올렸습니다.

　나침반은 빨간 칠을 한 바늘이 북쪽을 가리킵니다. 스스로
생각하고 행동하는 것입니다. 『일반 과학 대계』는 알베르트의
궁금증에 불을 붙였습니다.

아름다운
밀라노

알베르트가 열다섯 살이 되던 1894년 가을이었습니다. 작은아버지 야코프와 함께 운영하던 아버지의 전기 상회가 잘되지 않아 가족들은 이탈리아의 밀라노로 이사를 했습니다. 그렇지만 알베르트는 학교 때문에 가족과 함께 갈 수가 없었습니다.

"알베르트! 2년만 있으면 졸업이니 그때까지는 외롭더라도 참고 견뎌야 한다."

뮌헨에 홀로 남아 기숙사 생활을 하다 보니 부모님이 그리

아인슈타인 모형 | 태국의 방콕 마담 투소 밀랍 인형 박물관에 있습니다.

워 견딜 수가 없었습니다.

어느 날, 알베르트는 의사를 찾아갔습니다.

"선생님, 몸이 아파서 학교를 그만두어야겠어요. 머리도 아프고, 잠도 못 자요."

"향수병(고향을 그리워하는 마음을 병에 비유한 말)이로군. 부모님이 많이 보고 싶은 게지. 그럼 부모님을 만나야지."

의사 선생님은 웃으면서 '신경이 쇠약해져 있으니 얼마간

쉬는 것이 좋겠음.'이라고 진단서를 써 주었습니다.

　알베르트는 학교 선생님에게 진단서를 내밀었습니다.

　"그래? 몸이 아프면 쉬어야지. 뭐니 뭐니 해도 건강이 제일
이니까."

　담임 선생님은 뜻밖에도 순순히
허락했지만 수학 선생님은 무척
아쉬워했습니다.

"알베르트! 너는 아프다고 하지만, 나는 다 알고 있단다. 나중에라도 대학에 가려면 이런 게 필요할지도 모르니 받아 두어라."

수학 선생님은 알베르트의 수학 실력이 매우 우수하다는 추천서를 써 주었습니다.

"아, 날아갈 것만 같다. 까다로운 군대식 규칙과 외기만 하는 공부와는 이제 이별이야."

이탈리아의 밀라노로 가는 기차 속에서 알베르트는 몇 번이고 입속으로 중얼거렸습니다.

"신경 쇠약이라고? 미안하다. 너를 혼자 두고 우리만 온 것이 잘못이었어."

어머니는 알베르트를 안아 주며 눈물을 글썽거렸습니다.

밀라노에서의 생활은 즐겁기만 했습니다.

알베르트는 밀라노를 마음껏 돌아다니고 구경하면서 즐겼습니다.

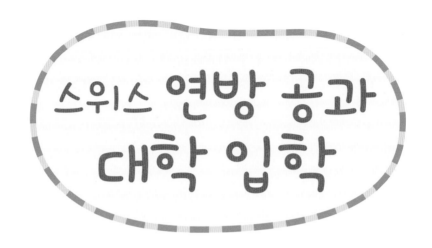

스위스 연방 공과 대학 입학

알베르트가 밀라노에 온 지 6개월이 지났습니다.

아버지의 사업은 여전히 어려웠습니다.

"알베르트, 너도 무슨 일이든 해야겠다. 공장만 잘되면 너에게 무엇이든 해 주고 싶었는데……."

알베르트는 작은아버지처럼 기술자가 되어 아버지를 돕고 싶었습니다. 그러려면 대학에 가야 하는데, 알베르트에게는 졸업장이 없었습니다. 아버지는 김나지움 졸업장이 없어도 갈 수 있는 대학을 찾아보았습니다.

그리고 취리히의 스위스 연방 공과 대학은 시험에만 합격하면 입학할 수 있다는 것을 알아냈습니다.

알베르트는 수학 선생님이 써 준 추천서를 가지고 스위스 연방 공과 대학으로 가서 입학 시험을 보았습니다.

그러나 수학과 물리학은 뛰어났지만 다른 과목의 점수가 나빠 떨어지고 말았습니다. 힘없이 학교를 나서는데 학장이 알베르트를 불렀습니다.

"알베르트, 자네는 수학과 물리학 성적이 좋으니 김나지움에서 일 년만 더 공부하고 다시 오게. 내가 도와주지."

학장의 추천으로 알베르트는 취리히의 아르가우 김나지움에서 공부하고 일 년 뒤인 1896년, 약속대로 스위스 연방 공과 대학에 시험 없이 들어갔습니다.

입학 후 처음에는 수학을 열심히 했으나, 알베르트는 점점 물리학에 빠져들었습니다.

수학 선생님들이 걱정을 했습니다.

"알베르트가 갑자기 수학을 멀리하고 있어. 웬일일까?"

수학도 좋았지만, 물리학이 더 재미있었던 알베르트 아인슈타인은 거기에 너무 열중하고 다른 공부는 소홀히 하다가 대학을 간신히 졸업했습니다.

아인슈타인은 졸업 후 빈둥거리며 2년을 보냈습니다. 그러

던 어느 날, 지방 공민학교(초등 교육을 받지 못하고 나이가 든 사람을 교육하던 학교)에서 임시 교사를 뽑는다는 소식을 들었습니다. 시험을 쳐서 반 년 동안만 가르치는 임시 교사가 되었습니다.

대부분 아인슈타인보다 덩치가 크고 나이도 많은 학생들은 선생님이 어리다고 얕보는 듯했습니다.

하지만 아인슈타인은 그것을 꺼리지 않았습니다. 가르칠 내용을 그림으로 그려 가며 열심히 설명했습니다.

　　어려운 이론을 쉽고 재미있게 이야기했습니다. 그러자 학생들의 태도가 달라졌습니다. 숨을 죽이고 그의 설명에 귀를 기울였습니다.

　　반 년은 금방 지나갔습니다. 계약 기간이 끝나고 헤어질 때가 되자 학생들 모두가 아쉬워했습니다.

　　아인슈타인은 또 먹고살 것이 걱정이었습니다. 가정 교사를 하면서 일자리를 찾아다녔습니다.

노벨 물리학상을 받다

아인슈타인은 1902년, 친구의 도움으로 베른에 있는 스위스 특허국에 취직했습니다.

그는 퇴근하면 연구에만 매달렸습니다. 실험실도 없이 머리로 자연 현상을 상상하여 연구했습니다.

이런 것을 '사고 실험'이라고 합니다.

빛이나 천체 운동은 직접 우주로 가서 실험을 할 수 없기 때문에 머리로 그림을 그려서 그것이 이해가 되면 수학으로 풀어 냈습니다. 다시 말해서, 머릿속 상상으로 연구를 하는 것이었습니다.

　그때는 영국의 뉴턴이 운동과 중력의 원리로 자연
현상을 설명한 이론을 백과사전처럼 믿고 응용하던
때였습니다.

　그런데 1905년, 알베르트 아인슈타인이 새
로운 이론을 발표했습니다. 모든 물체는

보는 위치에 따라 움직임이 달라진다는 것이었습니다.

다리 위에서 냇물을 바라보면 물에 비친 내 모습이 위쪽으로 올라가는 것처럼 느껴집니다.

또, 빨리 달리는 기차 안에서 밖을 내다보면 산과 들이 뒤로 달아나는 것만 같습니다. 바깥을 보지 않고 가만히 있으면 기차는 그대로 멈추어 있는 것처럼 느껴집니다.

이것이 유명한 '특수 상대성 이론'입니다.

아인슈타인은 이제 베른 대학 야간부 교수가 되었지만, 월급은 특허국 때와 같았습니다. 생활이 어려웠습니다. 그는 프라하 대학으로 갔다가 1912년, 퀴리 부인과 수학자인 포앙카레의 추천으로 모교인 스위스 연방 공과 대학 교수가 되었습니다.

'중력의 영향을 받는 빛은 언제나 곧장 나아가는 것(직진)이 아니라 꺾인다(굴절).'

1916년 아인슈타인은 일반 상대성 이론을 발표했습니다. 이로써 우주 개척의 길이 활짝 열리게 되었습니다.

일반 상대성 이론은 뉴턴의 학설을 뒤집는 것이어서 전 세계 과학자들을 놀라게 했습니다.

'시간과 공간은 상대적이다.'라는 아인슈타인의 일반 상대성 이론이 발표되기 전에는 시간은 언제나 일정하게 흐른다고만 생각했을 뿐 시간을 중요하게 여기지 않았습니다. 그러나 아인슈타인이 밝혀낸 시간의 본질은 공간이 변하면 시간도 변화된다는 것이었습니다.

그는 지구의 세상은 3차원이지만 우주는 여기에 시간이 더해져 4차원의 세계가 된다는 것을 밝혔습니다.

자유의
땅으로

이 무렵 독일은 유럽에서 가장 강한 나라였습니다.

군대도 강하고, 과학도 가장 앞서 있었습니다. 정치 · 문화적으로 세계 최고가 되겠다는 욕심을 가진 독일은, 아인슈타인에게 베를린 대학 교수 자리를 주고, 프로이센 과학 아카데미 정회원으로 임명했습니다. 과학자로서는 가장 큰 명예였습니다. 월급도 많고 연구도 마음대로 할 수 있었습니다.

아인슈타인이 베를린 대학에 온 지 몇 달 지나지 않아 제1차 세계 대전이 일어났습니다. 독일 국민들은 전쟁에 동원되었고, 과학자들은 상대를 죽이는 무기 만들기에 매달렸습니다. 이와 반대로 영국·프랑스 국민들과 과학자들은 독일을 쳐부수기 위해 온 힘을 다했습니다.

나라가 다르다고 해서 과학자들은 등을 돌렸고, 국민들은 서로 원수가 되었습니다.

수백만의 목숨을 앗아 간 제1차 세계 대전은 4년 만인 1918년에 끝이 났습니다.

전쟁에 진 독일은 살기가 어려웠고, 사람들의 마음씨도 거칠어졌습니다.

나라가 이렇게 어려워지자 독일은 전쟁에 진 분풀이를 유대 인에게 해 댔습니다.

"우리가 굶주리는 것도 그들이 재산을 독차지하고 있기 때문이야."

"전쟁에 진 것은 그들의 배신 때문이야. 유대 인은 모조리 죽여 버려야 해."

독일 사람들은 아인슈타인의 상대성 원리까지 거짓으로 꾸

민 소설이라며 헐뜯었습니다. 뿐만 아니라
그를 죽이려 한다는 소문까지 떠돌았습니다. 하루하루
아인슈타인에게 위험이 닥쳐오고 있었습니다.

"만약 당신이 위험한 일을 당하게 된다면 그것은 전 세계의

커다란 손해입니다. 우리는 당신이 마음껏 연구할 수 있는 자리를 마련해 놓고 기다리고 있습니다. 아무쪼록 우리나라로 와 주신다면 영광이겠습니다."

NAT
MDCCC
XXXIII
OB·
MDCCC
XCVI

56

세계 여러 나라로부터 이런 편지가 쏟아져 들어왔습니다. 그래도 아인슈타인은 베를린을 떠나려 하지 않았습니다. 아무 거리낌 없이 학사원에 다니고, 강연도 여느 때와 다름없이 했습니다.

1921년, 아인슈타인은 광양자 이론인 '광전 효과'(진공 속에 있는 금속 또는 반도체에 빛을 비추면 그 표면에서 전자가 방출되는 현상)로 노벨 물리학상을 받았습니다. 세계의 과학자들은 한결같이 아인슈타인의 노벨상을 축하해 주었습니다.

아인슈타인의 물리학 연구는 현대 과학의 나아갈 길을 밝혀 주는 등대가 되었습니다.

전쟁을 끝낸
원자 폭탄

유대 인을 향한 독일의 분위기는 더욱 나빠졌습니다.

"당장 독일을 떠나라. 그러지 않으면 죽이겠다."

독일 국민들은 노벨 물리학상을 받은 아인슈타인을 이렇게
협박했습니다.

"나는 광양자에만 몰두한 과학자다. 내가 무얼 잘못했다고
협박하는가?"

아인슈타인은 고민에 빠졌습니다.

얼마 후 목숨이 위태롭다고 걱정하는 친구들의 말에 따르기

원자 폭탄 투하 | 미국은 역사상 최초로 1945년 8월 6일 일본의 히로시마에, 8월 9일에는 나가사키에 원자 폭탄을 떨어뜨렸습니다. 이 일로 일본은 전쟁에 항복하였고, 제2차 세계 대전은 끝이 났습니다. 사진은 나가사키에 떨어뜨린 원자 폭탄이 폭발하는 모습입니다.

로 했습니다.

"그렇다. 이런 불안 속에서의 연구는 아무 의미가 없다."

아인슈타인은 나치의 협박을 더는 견딜 수가 없었습니다.

"더 이상 독일에 머물고 싶지 않다. 자유가 있는 곳으로 가야겠다."

아인슈타인은 1940년 6월, 미국으로 건너가 시민권을 얻었습니다.

한편, 독일 총통이 된 히틀러는 전쟁을 일으켜 핀란드를 점령했습니다. 오스트리아와 체코슬로바키아도 집어 삼켰습니다. 이탈리아도 독일 편이 되어 에티오피아를 짓밟았고, 일본은 중국과 미국을 공격했습니다. 유럽 전체가 독일과 이탈

리아에 짓밟혔고, 아시아와 미국은 일본의 공격에 시달렸습니다.

제2차 세계 대전이 시작된 것입니다. 우리나라도 일본의 침략 전쟁에 끌려 들어갔습니다.

이때, 독일의 히틀러가 아인슈타인의 상대성 원리를 이용하

여 무서운 폭탄을 만든다는 소문이 전 세계로 퍼졌습니다.

"내 연구가 고작 전쟁에 쓰이다니……."

아인슈타인은 히틀러의 나쁜 욕심을 막지 못하면 큰일이라고 생각했습니다.

아인슈타인은 히틀러의 원자 폭탄을 막기 위해서는 원자 폭탄으로 맞설 수밖에 없다고 생각했습니다. 그리하여 미국의 루스벨트 대통령에게 원자 폭탄을 만들 것을 제의했습니다.

마침내 미국에서 원자 폭탄이 만들어졌습니다. 그리고 1945년 8월 6일, 역사상 처음으로 미국은 일본의 히로시마에 원자 폭탄을 떨어뜨렸습니다. 그리고 3일 후에 나가사키에 두 번째 원자 폭탄을 떨어뜨렸습니다. 이 원자 폭탄으로 일본은 항복을 했고, 제2차 세계 대전은 끝이 났습니다.

"원자 폭탄으로 많은 사람들이 죽었어. 더 이상 사람이 죽는 전쟁은 안 돼."

아인슈타인은 영국의 철학자 러셀과 함께 평화 운동을 벌였습니다.

현대 물리학의 아버지

백발이 된 아인슈타인은 건강이 몹시 나빠졌습니다. 특히 심장이 나빴습니다.

'늙은이에게 죽음은 해방처럼 올 것이네. 내가 늙어 가고 있어서 그런지 요즘은 그런 생각이 자주 들어. 죽음이란 결국 갚아야 할 빚인 것 같네.'

아인슈타인은 죽기 전, 친구에게 이런 편지를 보냈습니다. 죽음이 눈앞에 왔음을 예언하는 듯했습니다.

1955년, 아인슈타인은 프린스턴 병원에 입원했습니다.

"나는 내 몫을 다했습니다. 이제 갈 시간이 되었습니다."

아인슈타인은 의사에게 이렇게 말했습니다.

어쩌면 이것이 유언이었는지도 모릅니다. 1955년 4월 18일 밤 1시 15분, 현대 과학의 아버지 아인슈타인은 조용히 세상을 떠났습니다. 숨을 거두기 전, 아인슈타인이 간호사에게 뭐라고 말했지만, 독일어를 모르는 간호사는 알아듣지를 못했습니다. 인류를 사랑했던 아인슈타인이었기에, 자신이 만든 원자 폭탄이 더 이상 사람들의 목숨을 빼앗는 데 쓰이지 않게 해 달라는 부탁이었을 것으로 추측됩니다.

온 세계가 아인슈타인의 죽음을 슬퍼했습니다. 원자탄으로 많은 사람들이 목숨을 잃기도 했지만, 오늘날 원자력은 환자를 치료하는 데 쓰일 뿐 아니라 원자력 발전소를 건설하여 전기를 일으키는 등 여러 가지 산업 발전에 두루 이용되고 있습니다.

"과학은 사람들을 위한 과학이어야 하고, 인류를 사랑하는 사람이 되어야 한다."

그것이 알베르트 아인슈타인이 원했던 점입니다.

아인슈타인은 옳다고 믿는 것은 끝까지 밀고 나간 고집 센 사람이었습니다. 하지만 잘못을 깨달았을 때는 곧바로 반성했습니다. 융통성이 있는 과학자였습니다. 그는 음악을 사랑하고 유머가 있었으며 장난을 즐긴 마음의 폭이 넓은 사람이기도 했습니다.

연 대	발 자 취
1879년(0세)	남부 독일 울름에서 태어나다.
1890년(11세)	뮌헨 초등학교를 졸업하고, 루이트폴트 김나지움에 입학하다.
1894년(15세)	아버지의 사업 실패로 아인슈타인만을 남기고 가족들이 이탈리아의 밀라노로 이사를 가다.
1895년(16세)	김나지움을 중퇴하고 밀라노로 가다.
1896년(17세)	스위스 연방 공과 대학에 입학하다.
1900년(21세)	스위스 연방 공과 대학을 졸업하고, 일정한 직업이 없어 임시 교사와 가정 교사로 생활하다.
1901년(22세)	스위스 시민권을 얻다.
1902년(23세)	베른의 스위스 특허국에 취직하다.
1903년(24세)	대학교 동창인 밀레바 마리치와 결혼하다.
1905년(26세)	「광양자 이론」「브라운 운동」「특수 상대성 이론」 등 3편의 논문을 발표하다.
1911년(32세)	독일 프라하 대학의 교수가 되다. 제1회 솔베이 회의에 참석하여 마리 퀴리 등과 알게 되다.
1912년(33세)	스위스 연방 공과 대학 이론 물리학 교수가 되다.
1913년(34세)	베를린 대학 교수, 프로이센 과학 아카데미 정회원, 카이저-빌헬름 연구소 물리학 부장이 되다.
1914년(35세)	베를린으로 이주하다. 제1차 세계 대전이 일어나자 반전 · 평화주의의 입장을 나타내다.
1916년(37세)	일반 상대성 이론의 기초를 발표하다.
1919년(40세)	밀레바 마리치와 이혼하고, 사촌 동생 엘자와 재혼하다. A. S. 에딩턴이 개기 일식 관측으로 빛의 굴곡을 확인하다.
1920년(41세)	반유대주의 움직임이 강해지기 시작, 23년에 걸쳐 세계 각지를 방문하다.
1921년(42세)	스웨덴 과학 학술원으로부터 노벨 물리학상을 받다.
1927년(48세)	양자 역학에 관해 보어와 논쟁하다.
1929년(50세)	통일장 이론을 제창하다.
1933년(54세)	히틀러가 총리에 오르자 명예 시민권을 박탈당하고 재산을 몰수당하다. 미국 프린스턴 고급 연구소 종신 교수로 초빙되다.
1936년(57세)	아내 엘자가 사망하다.
1939년(60세)	미국의 루스벨트 대통령에게 원자 폭탄 제조 연구를 권고하는 편지를 보내다.
1945년(66세)	원자 폭탄 실험에 성공하여 일본의 히로시마와 나가사키에 투하함으로써 제2차 세계 대전이 끝나다.
1947년(68세)	국제 연합에 세계 정부 수립을 제창하는 메시지를 보내다.
1951년(72세)	이스라엘 대통령이 되어 달라는 권유를 거절하다.
1955년(76세)	러셀-아인슈타인 성명에 서명하다. 동맥에 생긴 혹이 파열하여 미국 프린스턴 병원에서 사망하다.

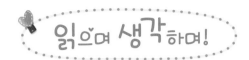

1. 현대 과학에 등대 역할을 한 아인슈타인은 1921년 그 공로를 인정받아
   스웨덴 과학 학술원으로부터 무척 뜻깊고 명예로운 상을 받았습니다.
   이 상의 이름은 무엇인가요?

2. 아인슈타인의 상대성 원리를 이용해서 만들어, 제2차 세계 대전을 끝
   내는 데 사용된 폭탄은 무엇인가요?

> 이때, 독일의 히틀러가 아인슈타인의 상대성 원
> 리를 이용하여 무서운 폭탄을 만든다는 소문이 전
> 세계로 퍼졌습니다.
> "내 연구가 고작 전쟁에 쓰이다니……."
> 아인슈타인은 히틀러의 나쁜 욕심을 막지 못하
> 면 큰일이라고 생각했습니다.

3. 초등학교 때 아인슈타인은 친구들에게 유대 인이라고 업신여김을 당했습니다. 이처럼 노력해도 바꿀 수 없는 점을 문제 삼아 친구를 놀린 적이 있나요? 있다면 그 친구의 심정이 어땠을지 입장을 바꾸어서 생각해 보세요.

> "아버지, 우리는 유대 인이에요?"
> "그래, 그런데 왜 갑자기 그런 걸 묻지?"
> "그럼, 우리는 독일 사람이 아니란 말인가요?"
> "조상은 유대 인이지만, 우리는 원래부터 여기에서 살았으니 당당한 독일 국민이란다."
> "그런데 왜 아이들이 '유대 인'이라며 업신여기죠?"
> "그건……."
> 아버지는 뒷말을 잇지 못하고 얼버무리며 먼 하늘로 눈길을 돌렸습니다.

4. 아인슈타인은 열여섯 살 때 기숙사 생활을 하다가 향수병에 걸려 공부를 잠시 미루고 가족의 품으로 돌아갔습니다. 아인슈타인의 선택에 대해 어떻게 생각하는지, 찬성과 반대 의견으로 말해 보세요.

• 찬성 :

• 반대 :

5. '사람들을 위한 과학'이 되기를 원했던 아인슈타인의 바람대로 원자력은 오늘날 사람들을 위해 여러 가지로 이용되고 있습니다. 이처럼 사람을 위해 이용되고 있는 과학의 예를 들어 보고, 과학자가 된다면 나는 어떤 연구를 하고 싶은지 적어 보세요.

원자 폭탄으로 많은 사람들이 목숨을 잃기도 했지만, 오늘날 원자력은 환자를 치료하는 데 쓰일 뿐 아니라 원자력 발전소를 건설하여 전기를 일으키는 등 여러 가지 산업 발전에 두루 이용되고 있습니다.

"과학은 사람들을 위한 과학이어야 하고, 인류를 사랑하는 사람이 되어야 한다."

그것이 알베르트 아인슈타인이 원했던 점입니다.

1. 노벨 물리학상

2. 원자 폭탄

3. 예시 : 흔하지 않은 성을 가진 친구가 있었다. 몇몇 친구들과 나는 그 친구의 조상은 양반이 아닐 거라고 놀려 댔다. 또, 친구의 성으로 짓궂은 별명까지 만들어 불렀다. 그 친구는 울면서 집으로 돌아가더니 다음 날 학교에 나오지 않았다. 내가 그 친구라고 입장을 바꾸어 생각해 보니, 놀리는 친구들이 너무 밉고, 이런 성을 물려 준 부모님마저 원망스러웠을 것 같다. 하지만 성이 이상하다고 사람의 품성까지 이상한 것은 아니잖은가. 입장을 바꾸어 생각해 보니, 나와 친구들의 행동은 참으로 어리석은 행동이었다.

4. 예시 : •찬성 – 공부도 중요하지만, 아직 어른이 되기 전인데 가족과 떨어져 지낸다는 건 무척 힘든 일이다. 가족이 그리워 병이 날 정도라면 우선 가족의 품으로 돌아가 마음의 안정을 찾은 뒤, 다시 공부를 하는 것이 현명하다고 생각한다.

•반대 – 가족과 떨어져 지내는 건 외롭고 힘든 일이다. 하지만 훌륭한 사람이 되기 위해서는 어려움도 이길 줄 알아야 한다. 공부에는 때가 있다는 말처럼, 제 나이에 맞도록 공부를 해야 어른이 되었을 때 후회하지 않을 것이다.

5. 예시 : 요구르트 안에 들어 있는 유산균. 우리가 요구르트를 마시면 그 안에 들어 있는 유산균이 장으로 들어가 장 운동을 도와줌으로써 건강해질 수 있다. 내가 만약 과학자가 된다면 접을 수 있는 자동차를 만들고 싶다. 그러면 자동차를 주차할 공간이 부족해 이웃끼리 싸우지 않아도 될 것이다. 버튼을 한 번 누르면 반으로 접혀 좁은 공간에 주차할 수 있고, 한 번 더 누르면 다시 펴져 사람이 탈 수 있는 자동차를 만든다면, 우리나라뿐 아니라 세계 여러 나라 사람들에게 큰 도움이 될 것이다.

역사 속에 숨은 위인을 만나 보세요!

한국사 (위쪽)

최무선 (1328~1395)
황희 (1363~1452)
세종 대왕 (1397~1450)
장영실 (?~?)

신사임당 (1504~1551)
이이 (1536~1584)
허준 (1539~1615)
유성룡 (1542~1607)

한석봉 (1543~1605)
이순신 (1545~1598)
오성과 한음 (오성 1556~1618 / 한음 1561~1613)

광개토 태왕 (374~412)
연개 소문 (?~666)
장보고 (?~846)

을지문덕 (?~?)
김유신 (595~673)
대조영 (?~719)
왕건 (877~943)
강감찬 (948~1031)

고구려 살수 대첩 (612)
견훤 후백제 건국 (900)
고려 강화로 도읍 옮김 (1232)
문익점 원에서 목화씨 가져옴 (1363)

신라 삼국 통일 (676)
궁예 후고구려 건국 (901)
개경 환도, 삼별초 대몽 항쟁 (1270)
최무선 화약 만듦 (1377)

허준 동의보감 완성 (1610)
병자 호란 (1636)
상평 통보 전국 유통 (1678)

고조선 건국 (B.C. 2333)
철기 문화 보급 (B.C. 300년경)
고조선 멸망 (B.C. 108)
고구려 불교 전래 (372)
신라 불교 공인 (527)
대조영 발해 건국 (698)
장보고 청해진 설치 (828)
왕건 고려 건국 (918)
귀주 대첩 (1019)
윤관 여진 정벌 (1107)
조선 건국 (1392)
훈민 정음 창제 (1443)
임진 왜란 (1592~1598)
한산도 대첩 (1592)

연표 중앙

B.C. | 선사 시대 및 연맹 왕국 시대 | A.D. 삼국 시대 | 698 남북국 시대 | 918 고려 시대 | 1392

B.C. 2000 | 500 | 400 | 300 | 100 | 0 | 300 | 500 | 600 | 800 | 900 | 1000 | 1100 | 1200 | 1300 | 1400 | 1500 | 1600

B.C. 고대 사회 | A.D. 375 중세 사회 | 1400

세계사 (아래쪽)

중국 황하 문명 시작 (B.C. 2500년경)
인도 석가모니 탄생 (B.C. 563년경)
알렉산더 대왕 동방 원정 (B.C. 334)

크리스트교 공인 (313)
게르만 민족 대이동 시작 (375)
로마 제국 동서로 분열 (395)

수나라 중국 통일 (589)
이슬람교 창시 (610)
수 멸망 당나라 건국 (618)

러시아 건국 (862)
거란 건국 (918)
송 태종 중국 통일 (979)
제1차 십자군 원정 (1096)

테무친 몽골 통일 칭기즈 칸이 됨 (1206)
원 제국 성립 (1271)
원 멸망 명 건국 (1368)

잔 다르크 영국군 격파 (1429)
구텐베르크 금속 활자 발명 (1450)

코페르니쿠스 지동설 주장 (1543)
도요토미 히데요시 일본 통일 (1590)

독일 30년 전쟁 (1618)
영국 청교도 혁명 (1642~164[])
뉴턴 만유 인력의 법칙 발견 (1665)

석가모니 (B.C. 563?~ B.C. 483?)

예수 (B.C. 4?~ A.D. 30)

칭기즈 칸 (1162~1227)

76

| 정약용
(1762~1836)

김정호
(?~?) | | | | 주시경
(1876~1914)

김구
(1876~1949)

안창호
(1878~1938)

안중근
(1879~1910) | | 우장춘
(1898~1959)

방정환
(1899~1931) | 유관순
(1902~1920)

윤봉길
(1908~1932) | 이중섭
(1916~1956) | | 백남준
(1932~2006) | | | 이태석
(1962~2010) | | | | |

| 이승훈
천주교
전도
(1784) | | | 최제우
동학
창시
(1860)

김정호
대동여
지도
제작
(1861) | 강화도
조약
체결
(1876)

지석영
종두법
전래
(1879) | 갑신
정변
(1884) | 동학
농민
운동,
갑오
개혁
(1894)

대한
제국
성립
(1897) | 을사
조약
(1905)

헤이그
특사
파견,
고종
퇴위
(1907) | 한일
강제
합방
(1910)

3·1
운동
(1919) | 어린이날
제정
(1922) | 윤봉길·
이봉창
의거
(1932) | 8·15
광복
(1945)

대한
민국
정부
수립
(1948) | 6·25
전쟁
(1950~1953) | 10·26
사태
(1979) | 6·29
민주화
선언
(1987)

서울
올림픽
개최
(1988) | 북한
김일성
사망
(1994) | 의약
분업
실시
(2000) |

| 조선 시대 | | | | 1876 개화기 | | 1897 대한 제국 | 1910 일제 강점기 | | | | 1948 대한민국 | | | | | |

| 1700 | 1800 | 1850 | 1860 | 1870 | 1880 | 1890 | 1900 | 1910 | 1920 | 1930 | 1940 | 1950 | 1970 | 1980 | 1990 | 2000 |

| 근대 사회 | | | | | | | 1900 | 현대 사회 | | | | | | | | |

| 미국
독립
선언
(1776)

프랑스
대혁명
(1789) | 청·영국
아편
전쟁
(1840~1842) | | 미국
남북
전쟁
(1861~1865) | 베를린
회의
(1878) | 청·
프랑스
전쟁
(1884~1885) | 청·일
전쟁
(1894~1895)

헤이그
평화
회의
(1899) | 영·일
동맹
(1902)

러·일
전쟁
(1904~1905) | 제1차
세계
대전
(1914~1918)

러시아
혁명
(1917) | 세계
경제
대공황
시작
(1929) | 제2차
세계
대전
(1939~1945) | 태평양
전쟁
(1941~1945)

국제
연합
성립
(1945) | 소련
세계
최초
인공위성
발사
(1957) | 제4차
중동
전쟁
(1973)

소련
아프가니
스탄
침공
(1979) | 미국
우주
왕복선
콜럼비아
호 발사
(1981) | 독일
통일
(1990)

유럽
11개국
단일
통화
유로화
채택
(1998) | 미국
9·11
테러
(2001) |

| 워싱턴
(1732~1799)

페스탈
로치
(1746~1827)

모차
르트
(1756~1791)

나폴
레옹
(1769~1821) | 링컨
(1809~1865)

나이팅
게일
(1820~1910)

파브르
(1823~1915)

노벨
(1833~1896)

에디슨
(1847~1931) | 가우디
(1852~1926) | 라이트
형제
(형 윌버
1867~1912 /
동생 오빌
1871~1948)

마리
퀴리
(1867~1934)

간디
(1869~1948) | 아문센
(1872~1928)

슈바이처
(1875~1965)

아인슈
타인
(1879~1955) | 헬렌
켈러
(1880~1968) | | | 테레사
(1910~1997)

만델라
(1918~2013) | 마틴
루서 킹
(1929~1968) | | 스티븐
호킹
(1942~2018) | 오프라
윈프리
(1954~)

스티브
잡스
(1955~2011)

빌
게이츠
(1955~) | | | | |

77

2022년 3월 25일 2판 5쇄 **펴냄**
2014년 2월 25일 2판 1쇄 **펴냄**
2008년 1월 20일 1판 1쇄 **펴냄**

펴낸곳 (주)효리원
펴낸이 윤종근
글쓴이 김종상 · **그린이** 정금석
사진 제공 중앙포토
등록 1990년 12월 20일 · **번호** 2-1108
우편 번호 03147
주소 서울시 종로구 삼일대로 457, 406호
전화 02)3675-5222 · **팩스** 02)765-5222

ⓒ 2008 · 2014, (주)효리원

이메일 hyoreewon@hyoreewon.com
홈페이지 www.hyoreewon.com